944
Oc

DE L'ARISTOCRATIE

ET DE LA DÉMOCRATIE,

ET DES MOYENS DE MAINTENIR L'EQUILIBRE ENTR'ELLES,

o u

RECUEIL D'AXIOMES POLITIQUES,

POUR SERVIR DE PIERRE DE TOUCHE A LA CONSTITUTION DES CORTÈS.

Par un doctrinaire Espagnol que les Guelphes du jour traitent de Gebelin et les Gebelins de Guelphe, mais qui n'est et ne veut être qu'un bon citoyen.

Crede mihi, nunquam libertas purior extat
Quàm sub rege pio. . . . . . . Tac.

TRADUIT DE L'ESPAGNOL.

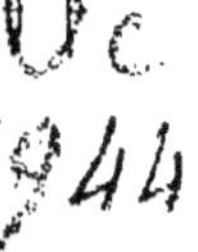

Se trouve a Lyon,
Au Cabinet Littéraire de la Rue de la Lune, N⁰. 1,
et chez tous les Marchands de Nouveautés.

1821.

AVERTISSEMENT DE L'ÉDITEUR.

Sans doute les maximes consignées dans ce Recueil ne sont pas toutes des axiômes; mais il faut convenir que la majeure partie de celles qu'il renferme sont d'une vérité incontestable, et que les conséquences qu'on en peut déduire ont été en général consacrées par la charte. Sous ce rapport, cet Opuscule étranger méritait de ne pas rester ignoré dans un pays dont la loi fondamentale lui sert en quelque sorte de texte. Au surplus, je laisse aux publicistes à le juger, et me borne à joindre des Notes à ceux de ces Articles qui m'ont paru avoir le plus de rapport avec notre système de gouvernement.

RECUEIL
D'AXIOMES POLITIQUES.

ARTICLE PREMIER.

TOUTE société a ses *avantages* et ses *charges ;* chacun de ses membres doit partager ces avantages en proportion égale des charges qu'il supporte, c'est-à-dire, ses *droits* résultant de ses *devoirs* et ses devoirs de ses droits, et étant à la fois *cause* et *effet* les uns des autres, doivent être dans une égale proportion et se compenser exactement. Cette égalité proportionnelle, qui n'est autre chose que la *justice* même, est ainsi l'unique base de la légitimité des droits et des devoirs sociaux.

Aussi, il y a *faux droit*, c'est-à-dire *usurpation*, lorsque la jouissance des avantages n'est pas compensée par la souffrance de charges équivalentes ; et *faux devoir*, c'est-à-dire *oppression*, lorsque dans une société le fardeau des charges n'est pas compensé par la jouissance d'avantages équivalens (1).

ART. II.

Le capital de toute société est la somme des moyens mis en commun par les associés qui la composent, dans le but de participer aux avantages résultans de l'emploi de ce capital.

Les sociétés nationales ont leur capital comme les autres sociétés ; les moyens mis en commun pour le produire, sont *la force*, *l'intelligence* et *la richesse*.

Notes de l'Editeur.

(1) L'égalité devant la loi consacrée notamment par les articles 1, 3 et 71 de la charte, n'est autre chose que l'égalité proportionnelle qui doit exister entre les membres d'une même société en raison de la mise de chacun.

A 2

Art. III.

Dans les sociétés nationales, c'est-à-dire, dans toutes celles où les mises sont inégales, la jouissance ou la privation d'une portion plus ou moins grande des avantages sociaux est la conséquence de l'égalité proportionnelle des associés, puisqu'elle se règle sur la quotité de leur mise (1).

Art. IV.

Comme toute différence de moyens en plus produit nécessairement une égale différence de moyens en moins, toute société où les mises sont inégales se divise nécessairement en deux fractions égales, l'une en supériorités, l'autre en infériorités de moyens, quel que soit d'ailleurs le nombre des associés, les avantages sociaux étant attachés aux *moyens* et non aux *personnes*.

Dans la société nationale, l'*aristocratie* comprend les *supériorités*, et la *démocratie* les *infériorités*.

Art. V.

Dans toute société, les associés ont deux intérêts distincts et opposés, que modifie dans chaque la possession plus ou moins grande des moyens ; ce sont l'intérêt *social* et l'intérêt *individuel*.

L'opposition de ces deux intérêts, empêchant que les deux fractions sociales se placent d'elles-mêmes dans cet équilibre auquel l'existence de la société est attachée, il en résulte qu'un *médiateur* ou *arbitre* devient nécessaire entre ces deux fractions, comme un fléau est indispensable entre les deux bassins d'une balance (2).

Le médiateur ou l'arbitre tenant la place de la justice, ne peut être partial sans suicide, et la nécessité de son

---

(1) Les articles 38, 39 et 40 de la charte sont une application de cet article.

(2) Le caractère médiateur de la royauté est formellement établi par la charte.

indépendance (1) de toutes les parties de la société sur laquelle il agit, résulte de la nature même de son principe, c'est-à-dire, de la justice.

Dans les sociétés nationales, le médiateur ou arbitre est le gouvernement.

ART. VI.

Comme un bassin de balance ne peut être interposé entre l'autre bassin et le fléau, il est insoutenable de prétendre par exemple que l'aristocratie peut et doit être intermédiaire entre le trône et la démocratie (2).

ART. VII,

Pour rétablir l'équilibre de la société, qui ne peut être dérangé que par l'usurpation d'une de ses fractions, il suffit d'ôter à l'une ce qui excède ses droits, et de rendre à l'autre la partie des siens dont elle se trouve dépouillée; c'est-à-dire, d'opérer exactement comme lorsqu'il s'agit de rendre égaux en poids les deux bassins d'une balance (3).

----

(1) L'indépendance du pouvoir médiateur est ce qu'on entend par *Souveraineté*. Or, le pouvoir médiateur étant à la société ce que la chaleur est au feu et par conséquent n'existant sans doute qu'avec elle, mais non par elle, il est évident que la souveraineté de la société ne peut appartenir qu'au pouvoir médiateur, ou, pour mieux dire, que le médiateur et le souverain ne sont qu'une seule et même chose.

(2) Cette prétention a été fondée sur la maxime *Point de royauté sans aristocratie ;* mais il résulte de la vérité de cette maxime que l'aristocratie est le contre-poids nécessaire de la démocratie, sous la médiation de la royauté.

(3) C'est ce qu'a fait la charte. En effet, en refusant de conserver à la démocratie ce qui depuis 1789 excédait sa portion légitime d'influence, elle n'a pas plus rétrogradé vers le régime féodal, qu'elle n'a adopté le régime démagogique en refusant aussi de rendre à l'aristocratie ce qui avant 1789 excédait sa portion légitime d'influence. Ainsi, il est faux qu'elle ait transigé avec ce qu'on appelle la *Révolution ;* elle a seulement entendu proscrire à jamais tout ce qui, né des régimes féodal et démagogique, avait fait sortir l'aristocratie et la démocratie de leurs véritables limites, et s'oppo-

Art. VIII.

Le mode le plus efficace de conserver l'intérêt général, c'est de l'individualiser dans la personne d'un monarque, parce qu'alors le monarque est porté à cette conservation par le plus fort de tous les stimulans, celui de l'intérêt personnel.

La médiation sociale, susceptible d'être parfaite sous le gouvernement d'un seul, est par conséquent nécessairement imparfaite sous le gouvernement de plusieurs. Aussi, dans les républiques, l'aristocratie ou la démocratie prédominant toujours du plus au moins, l'égalité proportionnelle des citoyens n'est point complète; et, si quelquefois cependant l'équilibre social paraît s'y trouver, on découvre au plus léger examen que cet équilibre n'est que celui de deux poids égaux obtenu dans une balance par la diminution proportionnelle de la longueur d'un des bras de cette balance.

Art. IX.

Toute société, comme tout individu, tend à un mieux être et par conséquent à un accroissement de moyens ; et, comme les moyens sociaux se forment de la réunion de ceux des associés et qu'ainsi l'accroissement des uns ne peut résulter que de l'accroissement des autres, il s'ensuit qu'il est contraire au but de la société de fixer invariablement la possession de tout ou partie des moyens, parce que la perpétuité de la jouissance d'une portion des associés, nécessitant la perpétuité de la privation de l'autre portion, détruit le principe vivifiant de la prospérité sociale, l'émulation (1).

---

sait au rétablissement de l'équilibre. Au surplus, tout homme sage reconnaît qu'il était impossible que la démocratie, long-temps déplacée par l'aristocratie, s'arrêtât au moment de son affranchissement au point convenable, parce que dans l'ordre physique qui explique si souvent mieux que tous les raisonnemens les phénomènes moraux, les lois de l'élasticité des corps le veulent ainsi.

(1) Cette doctrine paraît contraire à celle qui consacre l'inaliénabilité d'une portion quelconque des moyens d'une nation.

Art. X.

C'est précisément parce que la société est intéressée à ce que la possession des moyens soit variable, qu'elle est de même intéressée à ce qu'au contraire la même dynastie soit perpétuellement investie du pouvoir médiateur, pour avoir ainsi un point fixe et une ancre de stabilité au milieu des déplacemens continuels des supériorités et des infériorités individuelles qu'entraînent les changemens qui surviennent dans la possession des moyens (1).

Art. XI.

Le passage des individus, tantôt de l'aristocratie dans la démocratie et de la démocratie dans l'aristocratie, n'empêche pas que l'existence d'une aristocratie et d'une démocratie ne soit perpétuelle comme elle doit l'être, parce que les nations sont des sociétés où les mises sont inégales. Tout être collectif ne cesse pas d'être le même parce qu'il est renouvelé, comme tout peuple au bout d'un siècle est toujours le même peuple, quoique les individus soient différens.

Art. XII.

Du moment que la jouissance des avantages est attachée exclusivement à la possession des moyens, il est évident que la jouissance ne doit exister qu'avec la possession, et qu'elle doit cesser avec elle.

Ainsi, les récompenses que la société est dans le cas de décerner à des individus pour les services qui lui sont rendus, ne peuvent jamais consister en avantages sociaux perpétuels, indépendans de la possession des moyens auxquels ils sont exclusivement attachés, sans altérer l'essence de l'économie sociale, et détruire l'égalité proportionnelle dans la répartition des avantages entre les associés (2).

---

(1) Cet article paraît donner une excellente raison de l'inamovibilité des dynasties.

(2) La France n'aurait jamais eu à souffrir du régime féodal et

Art. XIII.

Les seules récompenses susceptibles de procurer des avantages sociaux sont celles qui consistent en moyens, parce que ces récompenses, en soumettant les personnes qui les obtiennent aux mêmes chances que les autres associés, se concilient parfaitement avec l'égalité proportionnelle.

Art. XIV.

Indépendamment des récompenses en moyens, quelques individus doués de grandes vertus et d'éminentes qualités, ou auteurs d'actions d'éclat, sont admissibles à des honneurs consistant en titres et décorations qui attestent leur mérite. La transmission à perpétuité par voie de succession héréditaire de ces honorables témoignages aux descendans de ces hommes estimables, non-seulement n'a rien de contraire à l'intérêt social, mais ne peut que lui être utile. En effet, d'un côté les témoignages dont il s'agit n'étant relatifs qu'aux personnes et à des souvenirs, ne peuvent entraîner la concession d'aucun avantage actuel attaché aux moyens, ni l'exemption d'aucune charge présente de la société. De l'autre côté, l'illustration qui reflète ainsi sur les enfans leur fait un devoir d'imiter la belle conduite de leurs ayeux, et devient le principe

---

du régime démagogique qui en a été la réaction, si, sous les deux premières races, plusieurs récompenses n'avaient été accordées en *droits* au lieu de l'être en *moyens*. Il est certain que les concessions à vie et les survivances de quelques-uns des emplois alors amovibles de *ducs*, *comtes*, *marquis*, etc., excitèrent les administrateurs à s'en emparer comme d'un bien personnel, ce qui ne pouvait s'effectuer sans dépouiller le roi et sans asservir le peuple. Aussi, en distribuant depuis aux maréchaux de France, lieutenans-généraux et maréchaux de camp, les anciennes attributions des ducs; aux commandans des places fortes, celles des marquis; à leurs ministres et conseillers ainsi qu'aux administrateurs en chef des provinces, celles des comtes, nos rois ont eu grand soin de ne pas souffrir que ces offices redevinssent héréditaires.

fécond et permanent d'une foule d'actions généreuses profitables à la société (1).

Art. XV.

La noblesse n'ayant qu'une valeur morale et d'opinion, n'obtient d'illustration et ne commande la considération et le respect que quand elle est le prix des vertus et du mérite· Ainsi, l'opinion n'a jamais, par exemple, attaché que la valeur d'un récépissé de finance aux titres de celle acquise avec de l'argent, quoique d'ailleurs la forme des titres soit toujours semblable, sans égard aux causes d'annoblissement (2).

Art. XVI.

L'aristocratie étant attachée aux moyens et la noblesse aux personnes, sont deux choses entiérement distinctes, puisqu'en effet on peut être noble sans faire partie de l'aristocratie, et faire partie de l'aristocratie sans être noble. Vouloir que les nobles fassent toujours partie de l'aristocratie, quels que soient les moyens qu'ils possèdent, c'est, comme on l'a démontré, attenter à l'essence de la société et violer toute justice (3).

Art. XVII.

L'usurpation de la part d'une des fractions sociales sur l'autre, dénature, en raison de sa plus ou moins grande importance, le caractère de la puisssance médiatrice (4).

----

(1) Cet article définit la noblesse exactement dans le sens de l'art. 71 de la charte.

(2) M. *Necker* prétend que les deux tiers de la noblesse française existant en 1789, tenaient leurs titres de charges mises à l'encan depuis 1644, et qui avaient été acquises par les roturiers, moyennant finances.

(3) L'article 71 de la charte est une conséquence du principe soutenu dans cet article.

(4) Il est certain que lorsqu'un roi n'est que le premier des aristocrates, comme l'ancien roi de Pologne; ou le premier des démo-

L'usurpation aristocratique est moins brusque et plus durable que la démocratique, parce que les avantages usurpés sont plus ou moins considérables, en raison du nombre d'individus compris dans chaque classe, et que l'expérience démontre que la royauté, qui se rétablit assez promptement après une usurpation démocratique, met des siècles à rentrer dans la plénitude de sa puissance à la suite d'une usurpation aristocratique (1).

A r t. XVIII.

L'abus de l'aristocratie et celui de la démocratie conduisent l'un et l'autre au renversement de l'égalité d'avantages dûs aux associés en proportion des moyens de chacun d'eux, parce qu'en ôtant à la répartition des avantages la juste base des moyens, pour y substituer l'injuste base des personnes, l'abus de l'aristocratie ne diffère de l'abus de la démocratie que parce que le premier repose sur l'*inégalité*, et le second sur l'*égalité* de la répartition *entre les personnes*, sans égard à la quotité des moyens (2).

A r t. XIX.

La légitimité du monarque dérive, comme celle des propriétaires, de l'intérêt social qui ne permet pas que l'état de possession soit contesté quand cette possession est continue, publique, paisible, réelle, au titre qui en exprime la nature, et n'est pas fondée sur des actes de

---

crates, comme le roi actuel d'Espagne, il n'exerce pas la véritable royauté, et a cessé d'être le médiateur social.

(1) La royauté dénaturée au profit de l'aristocratie, à l'époque où *Hugues Capet* monta sur le trône, n'était pas encore parvenue à reconquérir sur elle toute sa plénitude à l'époque du règne de Louis XVI. Quelques années ont suffi pour que la monarchie ait reconquis sur la démocratie toute sa puissance.

(2) Cet article explique les causes communes et particulières du régime féodal et du régime démagogique.

pure faculté, de simple tolérance ou de violence. Ainsi, l'usurpation est à la royauté ce que le vol est à la propriété.

Le prétendu droit d'aînesse est un de ceux qui ne peuvent exister que par abus du principe de l'aristocratie ; et par conséquent sans que la société y ait le moindre intérêt. Accordant des avantages aux uns, dont il dépouille les autres, il nécessite, pour rendre moins criante l'injustice faite à ces derniers, qu'au préjudice de tous les associés, on leur affecte en *main - morte* une partie des moyens sociaux, ou qu'on leur réserve la jouissance exclusive de plusieurs avantages sociaux. C'est ainsi que l'abandon du principe entraîne des conséquences incalculables (1).

Art. XX.

Les sociétés nationales n'admettent point d'*associés collectifs*, c'est-à-dire, de *corporations*, parce que d'un côté ces corporations ont un intérêt qui diffère à la fois de l'intérêt général et de l'intérêt individuel, et que de l'autre côté le principe de l'égalité proportionnelle entre les associés qu'elle renferme et les autres, est détruit.

Art. XXI.

Médiateur des intérêts particuliers des deux élémens opposés, dont l'union forme l'intérêt général individualisé en sa personne, le monarque ne peut mieux connaître cet intérêt général qu'en appelant les deux fractions sociales à discuter par leurs défenseurs respectifs les objets qui s'y rattachent ; mais, pour atteindre efficacement ce but, il faut que tout système de délégation soit combiné de manière que les délégués soient exclusivement pris dans

---

(1) La première partie de cet article explique d'une manière satisfaisante la légitimité. La seconde partie montre combien les dispositions des articles 1, 3 et 7 sont sages et justes.

le sein de la classe à laquelle ils appartiennent et dont ils ont à défendre les intérêts ; car des membres de l'aristocratie ne peuvent être portés à défendre convenablement les intérêts de la démocratie contre ceux de leur propre classe, et réciproquement (1).

(1) En effet, les conseils des cinq cents et des anciens, quoique divisés, n'appartenant qu'à la démocratie, sacrifièrent toujours les droits de l'aristocratie. Ainsi, il est à désirer maintenant que les supériorités, bien placées dans la chambre des pairs, n'envahissent point aussi celle des députés.

FIN.